L'AGENT 212

POULET EN GELÉE

Dessin :
Daniel Kox

Scénario :
Raoul Cauvin

Couleurs : Laurent

DUPUIS

Dépôt légal : février 2003 — D.2003/0089/19
ISBN 2-8001-3261-2 — ISSN 0771-8004

Imprimé en Belgique.

Champion de la glisse

ZIIII
ZIIII
ZIIII
ZIIIII
CRAK
?!
BLOUF
DIDJU! MAIS COMMENT IL A FAIT ÇA ?
CASSEZ D'ABORD LA GLACE. IL NOUS EXPLIQUERA APRÈS.

Neige à gogo

QU'EST-CE QU'IL EST TOMBÉ CETTE NUIT...!
TU PARLES.
MILLE MILLIARDS ! JE SUIS ENCORE EN RETARD.
LA PORTE !
VOILÀ ! VOILÀ !
VLAM
SCHHH
BLOUF
WHAHAHAHAHAHA
DONG DONG DONG DONG
SCHHH
À MON AVIS, JE N'AURAIS PAS DÛ FAIRE SONNER LA CLOCHE.
JE CROIS AUSSI.
442
CAUVIN - D. KOX 01

Cherchez l'intrus !

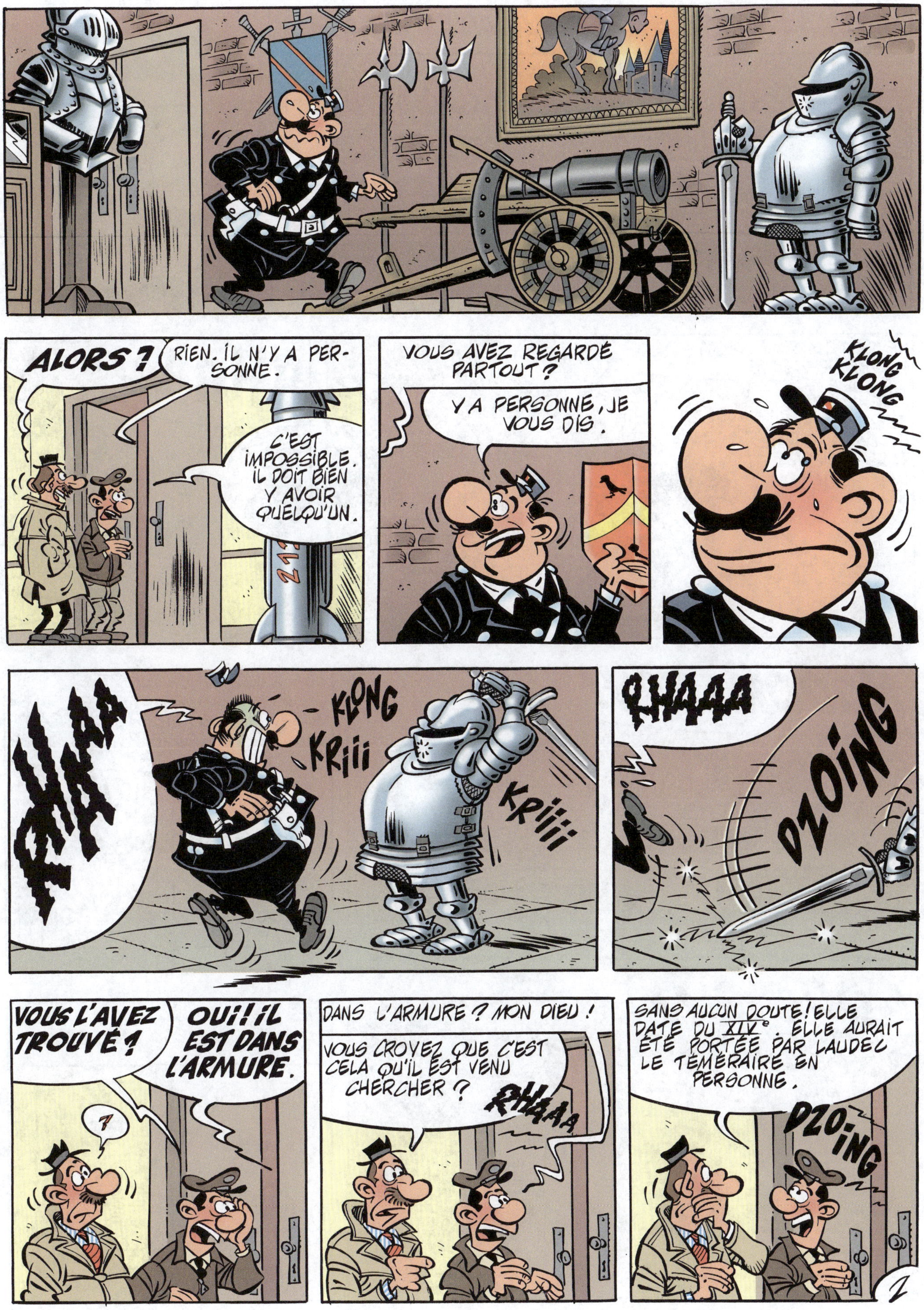
ALORS ?
RIEN. IL N'Y A PERSONNE.
C'EST IMPOSSIBLE. IL DOIT BIEN Y AVOIR QUELQU'UN.
VOUS AVEZ REGARDÉ PARTOUT ?
Y A PERSONNE, JE VOUS DIS.
KLONG KLONG
RHAAA
KLONG
KRIII
KRIIII
RHAAAA
DZOING
VOUS L'AVEZ TROUVÉ ?
OUI ! IL EST DANS L'ARMURE.
?
DANS L'ARMURE ? MON DIEU !
VOUS CROYEZ QUE C'EST CELA QU'IL EST VENU CHERCHER ?
RHAAAA
SANS AUCUN DOUTE ! ELLE DATE DU XIVe. ELLE AURAIT ÉTÉ PORTÉE PAR LAUDEC LE TÉMÉRAIRE EN PERSONNE.
DZO-ING

A PRÉSENT ÇA SUFFIT ! LÂCHEZ ÇA, OU...
NOOON !
?
NE FAITES PAS CELA, MALHEUREUX. CETTE ARMURE VAUT UNE FORTUNE. AVEC UN TROU DE BALLE DEDANS ELLE PERDRAIT LES TROIS QUARTS DE SA VALEUR.
MAIS...
KRIII
KLONG
KRIII
KLONG
KRIII
KLONG
RHAAA !
DZOING
NOOON ! NON !
KRIIII
KLONG
UNE HALLEBARDE DU XVe ! VOUS N'Y PENSEZ PAS ? SI ELLE VENAIT À SE BRISER, CE SERAIT UNE PERTE SÈCHE POUR LE MUSÉE.
RHAAA
NOOOON !
KRIIII
KRIII
KLONG
UNE MASSE D'ARMES DU XIVe C'EST UNE PIÈCE UNIQUE...
RHAAA
DZOING
3

RHAAA!
KRiii
KLONG
KLONG
VLAM
IL FAUDRAIT TROUVER UN MOYEN POUR LE FAIRE SORTIR DE CETTE ARMURE SANS LE MOINDRE DÉGÂT.
HFFF
HFF
BOM BOM
JE NE VOUS LE FAIS PAS DIRE.
LE CHAUFFAGE!
ON LE COUPE TOUJOURS LA NUIT.
?
REMETTEZ-LE!
MAIS...
A' FOND!
PLUS TARD...
ÇA SUFFIT, OUI?
BOM BOM BOM
ÇA VA! JE ME RENDS!
4

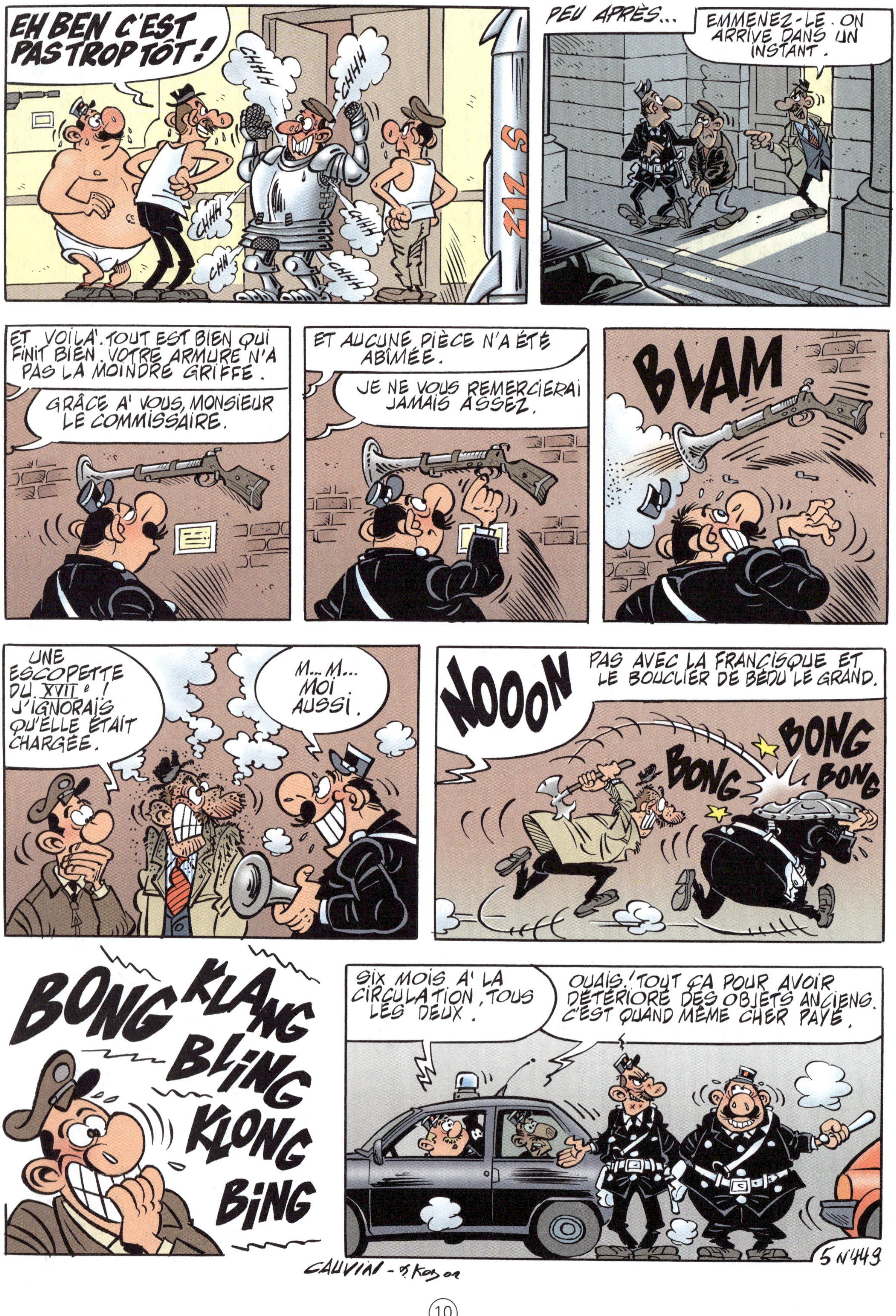
EH BEN C'EST PAS TROP TÔT !
CHHH
PEU APRÈS...
EMMENEZ-LE. ON ARRIVE DANS UN INSTANT.
ET VOILÀ. TOUT EST BIEN QUI FINIT BIEN. VOTRE ARMURE N'A PAS LA MOINDRE GRIFFE.
GRÂCE À VOUS, MONSIEUR LE COMMISSAIRE.
ET AUCUNE PIÈCE N'A ÉTÉ ABÎMÉE.
JE NE VOUS REMERCIERAI JAMAIS ASSEZ.
BLAM
UNE ESCOPETTE DU XVII e ! J'IGNORAIS QU'ELLE ÉTAIT CHARGÉE.
M... M... MOI AUSSI.
NOOON
PAS AVEC LA FRANCISQUE ET LE BOUCLIER DE BÉDU LE GRAND.
BONG
BONG
BONG
BONG
KLANG
BLING
KLONG
BING
SIX MOIS À LA CIRCULATION, TOUS LES DEUX.
OUAIS ! TOUT ÇA POUR AVOIR DÉTÉRIORÉ DES OBJETS ANCIENS. C'EST QUAND MÊME CHER PAYÉ.
5 N°449
CAUVIN - KOZ 02

Ne pas se fier aux apparences...

L'incroyable Hulk

RHARHAAA
GROAR GRRR
GRAAAW
CLAC CLAC
GROAR
MAMAN !
BROWOWOWOOO
BROWOWOWOOO
GROWAAAA
NON!
NON!
NOOON NOOON NOOON
KRUiiiii
ÇA NE VA PAS, NON ?
?
?
?
ET QU'EST-CE QUE TU AVAIS REGARDÉ À LA TÉLÉ HIER SOIR ?
LA SÉRIE "L'INCROYABLE HULK".
TU NE DEVRAIS PAS REGARDER CE GENRE DE FILMS.
JE NE DEVRAIS PAS, NON !
Z N°447
CAUVIN - D. KOX 02

La peur au ventre

RHAAARHAAAAAA
QU'EST-CE QUI S'EST PASSÉ ?
JE... JE N'Y COMPRENDS RIEN.
QUE CERTAINS CLIENTS SOIENT UN PEU SECOUÉS, C'EST COURANT, MAIS PANIQUÉS DE LA SORTE, ÇA, JE NE L'AVAIS ENCORE JAMAIS VU.
QU'EST-CE QU'IL Y A LÀ-DEDANS ?
BEN, TOUT L'ATTIRAIL QU'ON PEUT TROUVER DANS UNE MAISON HANTÉE NI PLUS, NI MOINS.
VOUS N'AURIEZ PAS UN PEU FORCÉ LA DOSE PAR HASARD ?
ABSOLUMENT PAS. D'AILLEURS, VOUS POURREZ LE CONSTATER VOUS-MÊME. INSTALLEZ-VOUS, C'EST LA MAISON QUI OFFRE.
VOUS ÊTES PRÊT ?
PRÊT.
BLAM
C'EST PARTI.
GROOW
YEK YEK
GRRR

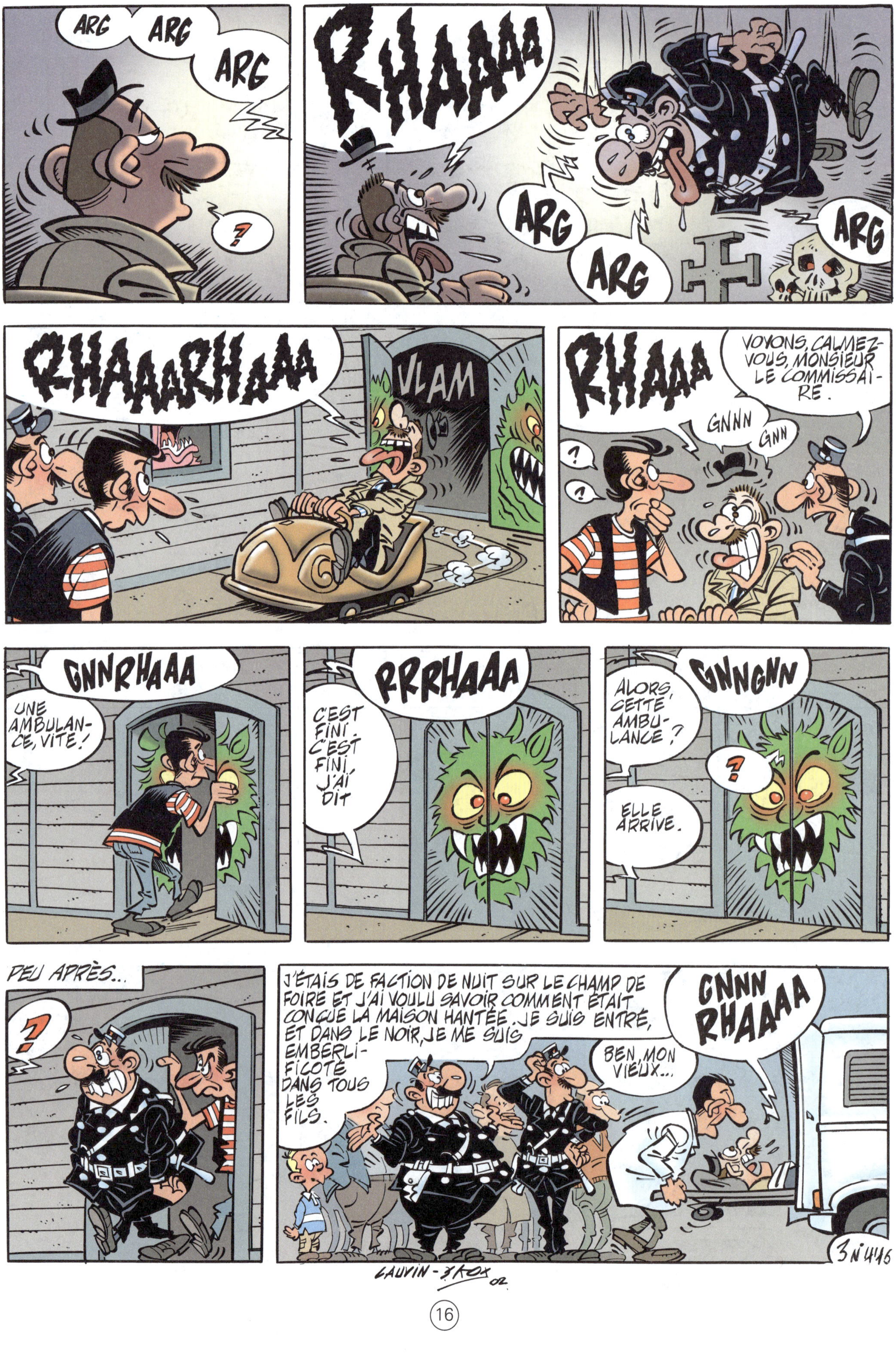
ARG
ARG
ARG
?
RHAAAA
ARG
ARG
ARG
RHAAARHAAA
VLAM
RHAAA
VOYONS, CALMEZ-VOUS, MONSIEUR LE COMMISSAIRE.
GNNN
GNN
?
?
GNNRHAAA
UNE AMBULANCE, VITE !
RRRHAAA
C'EST FINI. C'EST FINI, J'AI DIT
GNNGNN
ALORS, CETTE AMBULANCE ?
?
ELLE ARRIVE.
PEU APRÈS...
?
J'ÉTAIS DE FACTION DE NUIT SUR LE CHAMP DE FOIRE ET J'AI VOULU SAVOIR COMMENT ÉTAIT CONÇUE LA MAISON HANTÉE. JE SUIS ENTRÉ, ET DANS LE NOIR, JE ME SUIS EMBERLIFICOTÉ DANS TOUS LES FILS.
GNNN RHAAAA
BEN, MON VIEUX...
LAUVIN - JROX 02

Sales gamins

Trop, c'est trop !

UN MONSTRE ? ALLONS BON... ET OÙ ÇA ?
LÀ-BAS, DANS LES ROSEAUX. IL ME FIXAIT DE SES GRANDS YEUX.
ET BIEN SÛR IL A UNE LONGUE QUEUE.
OUI.
ET IL EST TOUT RECOUVERT D'ÉCAILLES.
OUiiii
...ET IL CRACHE DU FEU
AH NON. JE N'AI PAS DIT ÇA.
?
EEEH, VOUS N'ALLEZ PAS...
SI ! JE VAIS VOUS LE SORTIR DE LÀ, MOI, VOTRE MONSTRE DE PACOTILLE.
PETIT PETIT PETIT...
?
RHAAA

MAIS LUCIEN, TU ES DEVENU COMPLÈTEMENT FOU ! POURQUOI AVOIR RELÂCHÉ CETTE BÊTE DANS LA NATURE ?
ET QUE VOULAIS-TU QUE JE FASSE ? JE L'AI ÉLEVÉ DEPUIS QU'IL EST TOUT PETIT. JAMAIS JE N'AURAIS EU LE COEUR DE LE TUER.
QUAND JE PARLAIS DE T'EN DÉBARRASSER, JE PENSAIS SURTOUT AU ZOO.
AH BOOON ?
IL FAUT AVERTIR LA POLICE AVANT QU'IL NE BLESSE OU TUE QUELQU'UN.
J'AVAIS PAS PENSÉ À ÇA.
KRRR KRRR
ALLÔ, POLICE, JE VOUS ÉCOUTE...
CLIC
QUOI !? OU ÇA ? BON, ON ARRIVE !
PEU APRÈS...
TOUS LES MÊMES AVEC CE GENRE D'ANIMAUX EXOTIQUES ! PETITS ILS LES ÉLÈVENT AVEC AMOUR, PLUS GRANDS ILS S'EN DÉBARRASSENT N'IMPORTE OÙ.
SACRÉ ARTHUR ! IL A DIRECTEMENT MIS LA MAIN DESSUS.
LA MAIN... SI L'ON PEUT DIRE.
ET ATTENDANT LES SECOURS, RESTEZ CALME. TANT QUE VOUS LUI MAINTIENDREZ LA GUEULE FERMÉE, IL NE RISQUE PAS DE VOUS MORDRE.
3 N.450
CAUVIN - G. KOX 02

Attention : chute de pierres !

CAUVIN-

Tels enfants, tels parents

MAIS ENFIN, LE MOTARD AVAIT PRIORITÉ...
TATATA... ÇA NE LUI DONNAIT PAS TOUS LES DROITS.
ET VOUS AVEZ GRILLÉ UN STOP.
ET ALORS ?
C'EST CE QU'ELLE AURAIT DIT, MA MAMAN.
TRIIIT
?
VRRR
SAIS-TU, MON GARÇON, QUE TU VIENS DE PASSER AU FEU ORANGE ?
MON PAPA, IL DIT TOUJOURS QUE TANT QU'IL EST PAS ROUGE, C'EST PAS GRAVE.
FAUX ! UN JOUR, IL SE FERA SIFFLER PAR UN POLICIER QUI LUI DRESSERA UN PROCÈS-VERBAL.
IL EN A DÉJÀ EU.
LÀ, TU VOIS, C'EST LA PREUVE QU'IL ÉTAIT EN TORT. ET QU'EST-CE QU'IL A DIT ?
SUR LE COUP, MON PAPA IL DIT JAMAIS RIEN. MAIS APRÈS...
APRÈS ?
BEN...
QU'IL S'EN FICHE. QU'IL NE LE PAIERA DE TOUTE FAÇON PAS. QUE D'AILLEURS, TOUS LES FLICS SONT DES TARÉS ET QU'ILS FERAIENT MIEUX DE S'EN PRENDRE AUX VOLEURS ET AUX ASSASSINS PLUTÔT QU'AUX HONNÊTES GENS, ET IL DIT AUSSI...
ÇA VA ! ÇA VA !

DITES DONC, JEUNE FILLE.
OUIIII, MONSIEUR L'AGENT.
VOUS N'AVEZ PAS REMARQUÉ QUE VOUS OCCUPIEZ L'EMPLACEMENT RÉSERVÉ AUX HANDICAPÉS ?
OH, MAIS SI.
ET ALORS ?
C'EST POUR ALLER FAIRE PIPI. J'EN AI JUSTE POUR DEUX MINUTES.
SUPPOSONS QU'UN MALHEUREUX HANDICAPÉ ARRIVE À L'INSTANT ET RÉCLAME SA PLACE. QUE LUI RÉPONDEZ-VOUS ?
COMME MA MAMAN.
ET QU'EST-CE QU'ELLE RÉPOND VOTRE MAMAN, MMM ?
CAROLINE, NOOON.
ALLEZ, J'ATTENDS.
BEN, QU'ELLE A DES COURSES À FAIRE, QU'ELLE EST PRESSÉE ET QU'IL PEUT BIEN ATTENDRE UN PEU. ELLE DIT AUSSI QUE, EUX, ILS ONT TOUTE LA SEMAINE POUR FAIRE LEURS COURSES ET QUE...
ÇA VA. ÇA VA.
JE PEUX ALLER FAIRE PIPI, MAINTENANT ?
BOUF
VRRR
?
EH, OH, AVANT QUE VOUS NE DISIEZ QUOI QUE CE SOIT, JE VOUS AVERTIS: MON PÈRE A DES AMIS HAUT PLACÉS DANS LA POLICE.
.
3

JE SUPPOSE QUE C'EST CE QUE TON PAPA DIT TOUJOURS QUAND IL SE FAIT ARRÊTER PAR UN POLICIER.
OUAIS! ET MÊME QUE QUAND ÇA SUFFIT PAS, IL AJOUTE QU'IL CONNAÎT DES MINISTRES ET TOUT ET TOUT...
...MAIS C'EST PAS VRAI. Y A DES FOIS OÙ ÇA MARCHE ET LA POLICE LE LAISSE TRANQUILLE.
PLAF
BANG
?!!
OÙ T'AS EU TON PERMIS DE CONDUIRE, CLAVICULE? DANS UNE POCHETTE-SURPRISE? JE NE SAIS PAS CE QUI ME RETIENT DE TE COLLER MON POING DANS TA...
RHOOO, C'EST TON PAPA QUI EMPLOIE UN TEL VOCABULAIRE?
BEN OUI.
BELLE MENTALITÉ! ET LE TIEN, COMMENT RÉAGIRAIT-IL ?
!
PAF
NON MAIS, ÇA VA PAS, LA TÊTE ?
VOUS ME L'AVEZ DEMANDÉ, NON! EH BEN, J'VOUS L'AI MONTRÉ!
OUIIIIIN
HEP, VOUS N'AVEZ PAS VU LE PANNEAU " INTERDICTION DE STATIONNER", MADEMOISELLE ?
OH, MAIS SI.
4

ATTENDEZ, ON VA GAGNER DU TEMPS. MONTREZ MOI COMMENT VOTRE MAMAN AURAIT RÉAGI EN PAREIL CAS.
OH, C'EST FACILE.
MONSIEUR L'AGENT, SOYEZ GENTIL. JE N'EN AI QUE POUR QUELQUES INSTANTS. LE TEMPS D'UNE MISE EN PLIS. POURRIEZ-VOUS FERMER VOS JOLIS YEUX JUSQUE-LÀ ? MM ?
VOUS ÊTES UN CHOU. MERCI.
SMOUTCH
VOILÀ CE QU'ELLE AURAIT DIT.
MOUAIS...
PRRRT ! Y EN A MARRE.
BLAM
EH, M'SIEUR L'AGENT. IL M'EST RENTRÉ DEDANS.
PAS LA PEINE DE CRIER. IL EST PARTI.
MON PAPA, IL DIT TOUJOURS QUE QUAND ON A BESOIN DE LA POLICE, BEN, ELLE EST JAMAIS LÀ...
ET LE MIEN Y DIT TOUJOURS QUE LES POLICIERS, C'EST RIEN QUE DES ENFOIRÉS.
ET LE MIEN, IL DIT QU'ILS FERAIENT MIEUX DE S'OCCUPER DES CRIMINELS PLUTÔT QUE DE S'EN PRENDRE AUX HONNÊTES GENS.
ET MA MAMAN, ELLE DIT TOUJOURS...
ÇA SUFFIT !
PERSONNELLEMENT, J'APPLAUDIS DES DEUX MAINS CETTE INITIATIVE AYANT POUR BUT DE RESENSIBILISER LES PARENTS AU CODE DE LA ROUTE.
MM... MOI AUSSI.
VRRR
VRRR
5N444
CAUVIN - J. KOX 02

Gros dégât

BON SANG, QUELLE TEMPÊTE CETTE NUIT! MES AÏEUX, QUELLE TEMPÊTE...
BRRRR
QU'EST-CE QU'IL Y A EU COMME DÉGÂTS, J'VOUS DIS PAS. DES CHEMINÉES ENVOLÉES, DES TOITS EMPORTÉS...
BRAAA PET
PET PET
DES PYLÔNES ÉLECTRIQUES COUCHÉS A' MÊME LE SOL, DES MAISONS COUCHÉES...
BRRRR
DES CULTURES DÉVASTÉES, DES ARBRES DÉRACINÉS...
BRAAAA
BRAAAA
C'EST PAS BIENTÔT FINI, OUI?
EH, OH, Y A PAS LE FEU, QUOI!
SI!
BRAAA
BRAAA
452
CAUVIN - J.Kox 02

Mort en direct

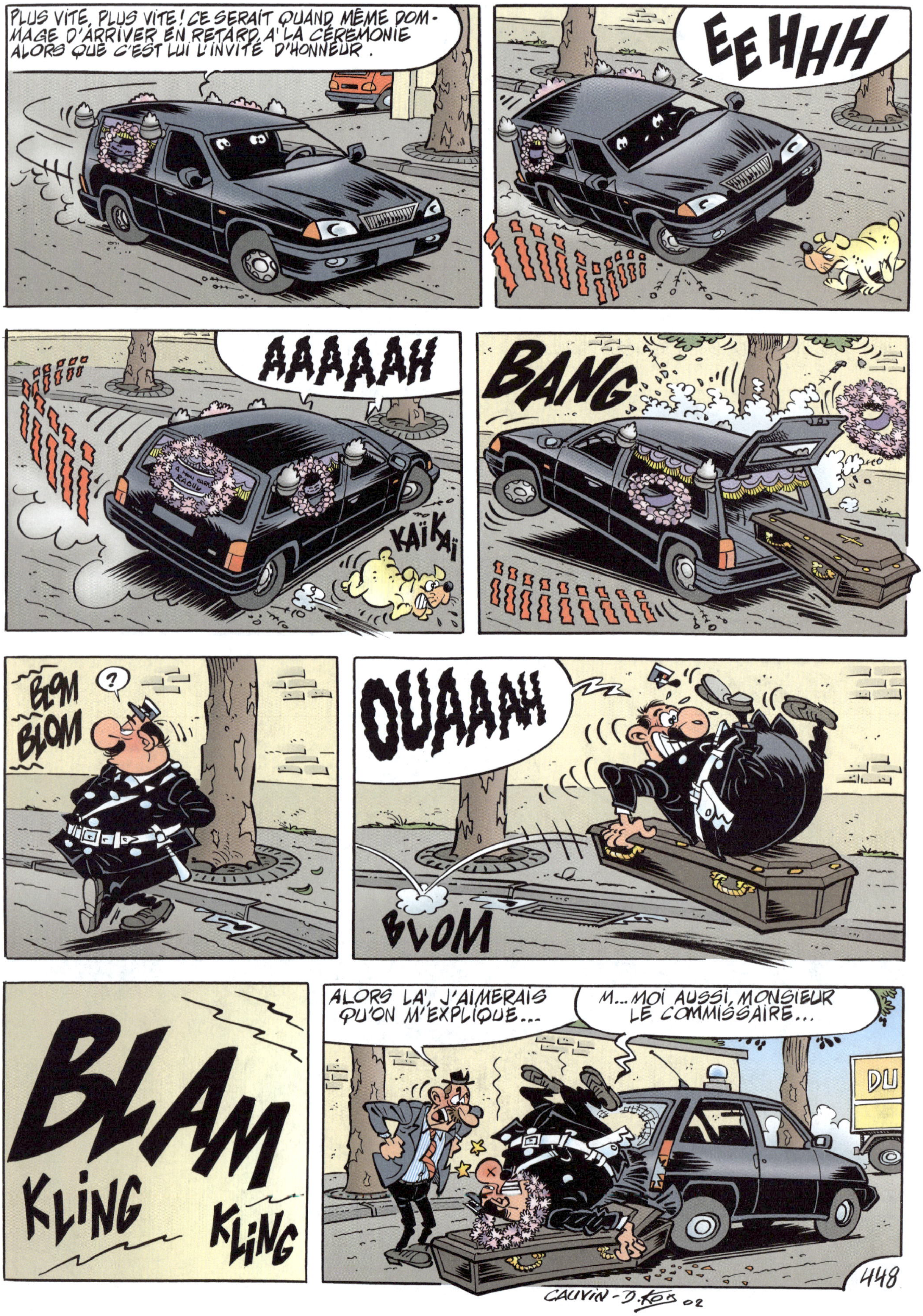

La mémoire qui flanche

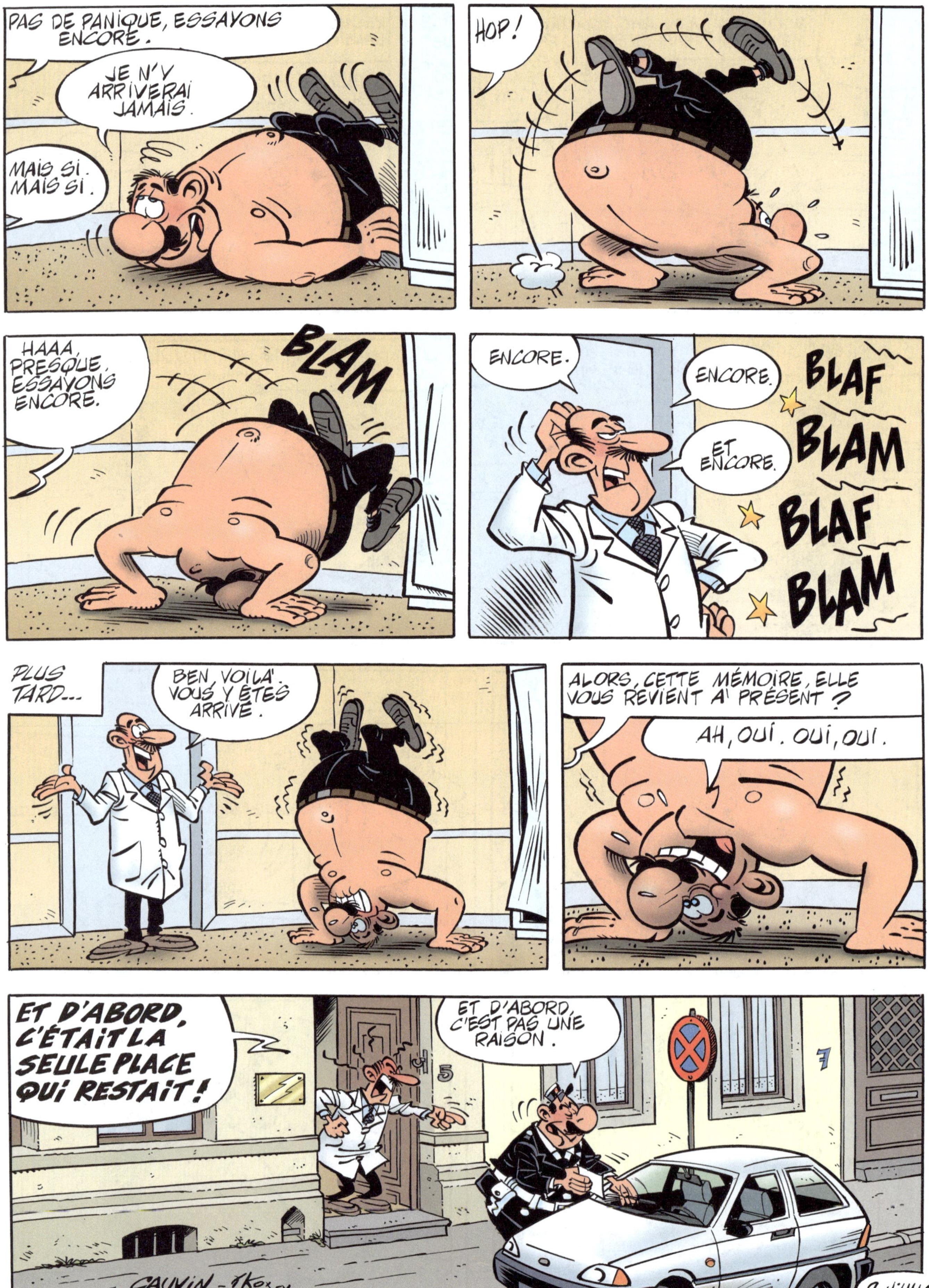
PAS DE PANIQUE, ESSAYONS ENCORE.
JE N'Y ARRIVERAI JAMAIS.
MAIS SI. MAIS SI.
HOP!
HAAA, PRESQUE. ESSAYONS ENCORE.
BLAM
ENCORE.
ENCORE.
ET ENCORE.
BLAF
BLAM
BLAF
BLAM
PLUS TARD...
BEN VOILÀ. VOUS Y ÊTES ARRIVÉ.
ALORS, CETTE MÉMOIRE, ELLE VOUS REVIENT À PRÉSENT ?
AH, OUI. OUI, OUI.
ET D'ABORD, C'ÉTAIT LA SEULE PLACE QUI RESTAIT!
ET D'ABORD, C'EST PAS UNE RAISON.
CAUVIN - V.KOS 01
2 N°441

Des poux dans la tête

Histoire d'eau

OUILLE ...
OUILLE ...
BLUB
BLUB
PRRT
OUILLE.
OUILLE.
OUF!
VLAM
VROOOO
VLOUFFFFF
?!
O.K., ON PEUT Y ALLER.
ALORS, ELLES FONCTIONNAIENT TOUJOURS ?
TU PARLES...
...ET J'TE DIS PAS LA CHASSE D'EAU.
?!
PLITCH
PLITCH
462
CAUVIN - KOX 02

L'arroseur arrosé

OH ZUT ! TROP DE PRESSION, SANS DOUTE.
AH, VOILÀ, COMME ÇA, C'EST BEAUCOUP MIEUX...
HÉÉÉ, QU'EST-CE QUE VOUS FAITES ?
AH NON, VOUS N'AVEZ PAS LE DROIT D'ENTRER ICI ! C'EST UNE PROPRIÉTÉ PRIVÉE.
DONNEZ-MOI ÇA, DIDJU, DONNEZ-MOI ÇA.
MADELEINE, FAIS QUELQUE CHOSE !
PCHHH
DONNEZ-MOI ÇA.
PCHHH
VLAM
ALLÔ, LA POLICE ?
ON NOUS SIGNALE UNE RIXE RUE PIROULETTE. MONSIEUR LE COMMISSAIRE.
C'EST À DEUX PAS D'ICI. ON Y VA.

C'EST LÀ!.
DONNEZ-MOI ÇA JE VOUS DIS!
NAN, JE NE LE DONNERAI PAS!
?
?
PCHHH
?
MILLE MILLIARDS! QU'EST-CE QUE...?
PCHHH
LÀ! LE ROBINET.
KRIii KRIii
MONSIEUR LE COMMISSAIRE. EH EH... IL NE FALLAIT PAS VOUS SENTIR OBLIGÉ DE TREMPER DANS CETTE AFFAIRE.
JE LE SUIS DÉJÀ. MAINTENANT ALLEZ-Y, JE VOUS ÉCOUTE.
GRRL
3 N°458

Trop juste

TRIIIT
TRIIIT
!!!
AAAAH!
ET MOI, JE MAINTIENS QUE LA RUE EST UN PEU TROP ÉTROITE POUR PERMETTRE À DEUX CAMIONS DE SE CROISER... COMMENT ÇA... JE FERAIS MIEUX DE MAIGRIR ...?
TROP GROS... PFF... MOI, QUAND JE DIS QUELQUE CHOSE, ON NE ME CROIT JAMAIS.
460
CAUVIN - DHOX 02

Aéromodélisme

VROAR
COMMENT ÇA, TU SAIS PAS ?
NON... ATTENTION !
VROOOAR
VROAR
J'AI RÉUSSI À LE FAIRE DÉCOLLER, MAIS JE NE SAIS PAS LE FAIRE ATTERRIR.
TON PÈRE NE T'A PAS EXPLIQUÉ ?
MON PAPA, IL A DÉPOSÉ SON MATÉRIEL PUIS IL EST PARTI EN COURANT EN ME DISANT DE VEILLER À CE QUE PERSONNE N'Y TOUCHE.
OÙ EST-IL À PRÉSENT ?
VROOO
AUX TOILETTES.
ATTENTION !
VROOOAR
MAIS ALORS, QU'EST-CE QUI T'A PRIS D'Y TOUCHER, ESPÈCE DE NAZE !
BEN ... JE VOULAIS ESSAYER, C'EST TOUT...
VROAR
?
USA

CAUVIN - DESBERG 01

Caméra cachée

Tapage nocturne

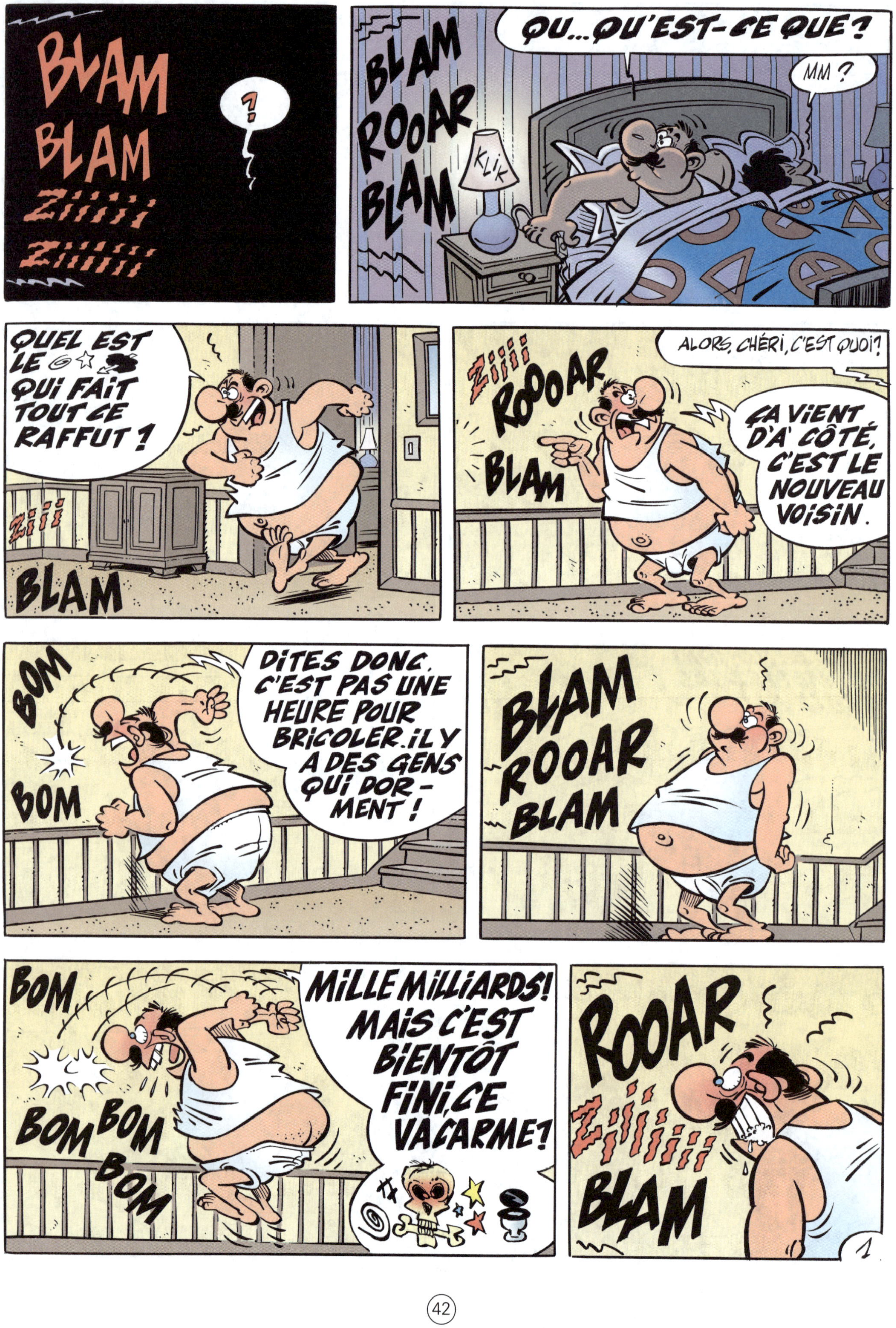

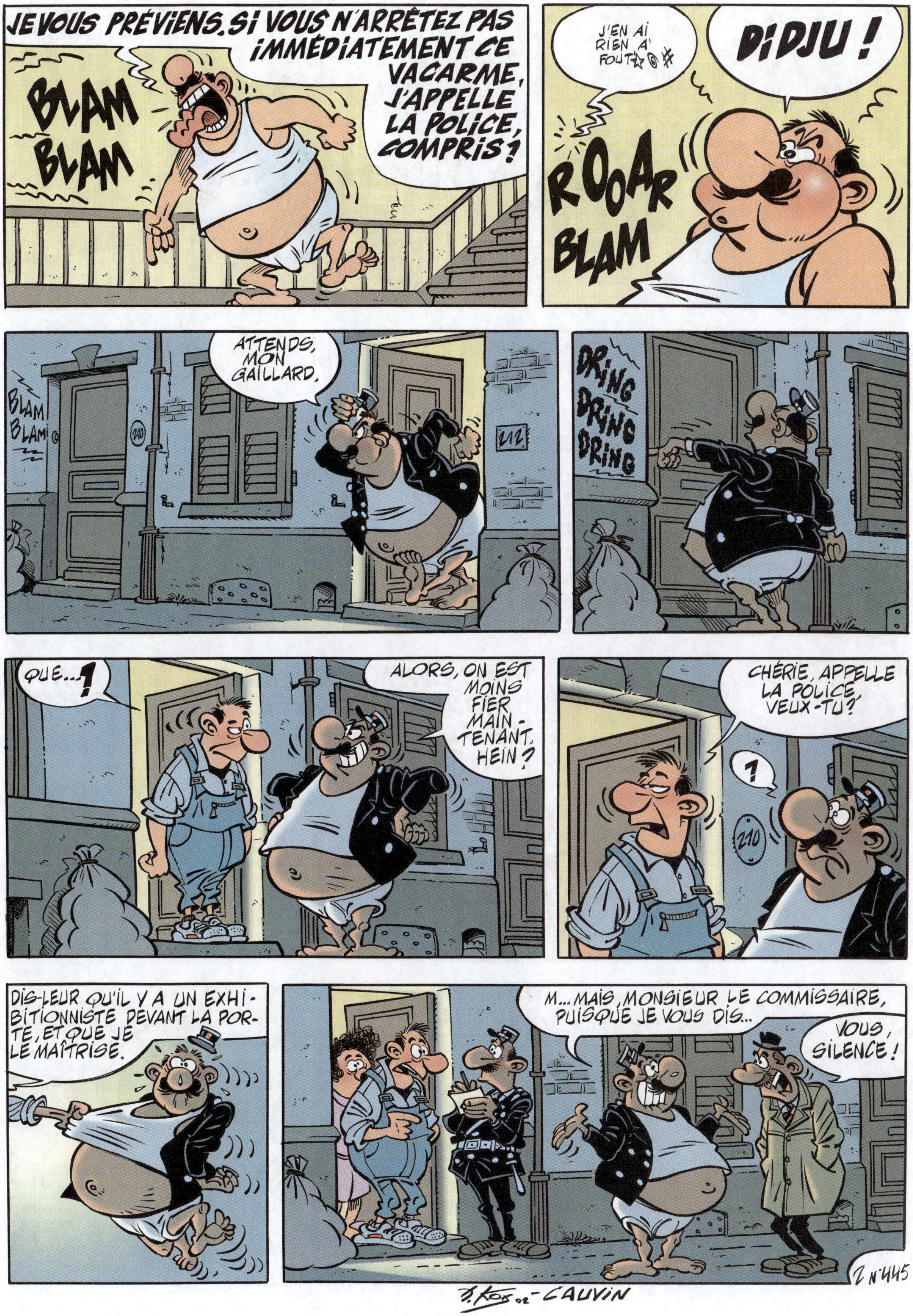
JE VOUS PRÉVIENS. SI VOUS N'ARRÊTEZ PAS IMMÉDIATEMENT CE VACARME, J'APPELLE LA POLICE, COMPRIS !
BLAM BLAM
J'EN AI RIEN A' FOUT☆@#
DIDJU !
ROOAR BLAM
ATTENDS, MON GAILLARD.
BLAM BLAM
210
212
DRING DRING DRING
QUE...!
ALORS, ON EST MOINS FIER MAINTENANT, HEIN ?
CHÉRIE, APPELLE LA POLICE, VEUX-TU ?
?
210
DIS-LEUR QU'IL Y A UN EXHIBITIONNISTE DEVANT LA PORTE, ET QUE JE LE MAÎTRISE.
M... MAIS, MONSIEUR LE COMMISSAIRE, PUISQUE JE VOUS DIS...
VOUS, SILENCE !
2 N°445
Kox 02 - CAUVIN

Léger traumatisme

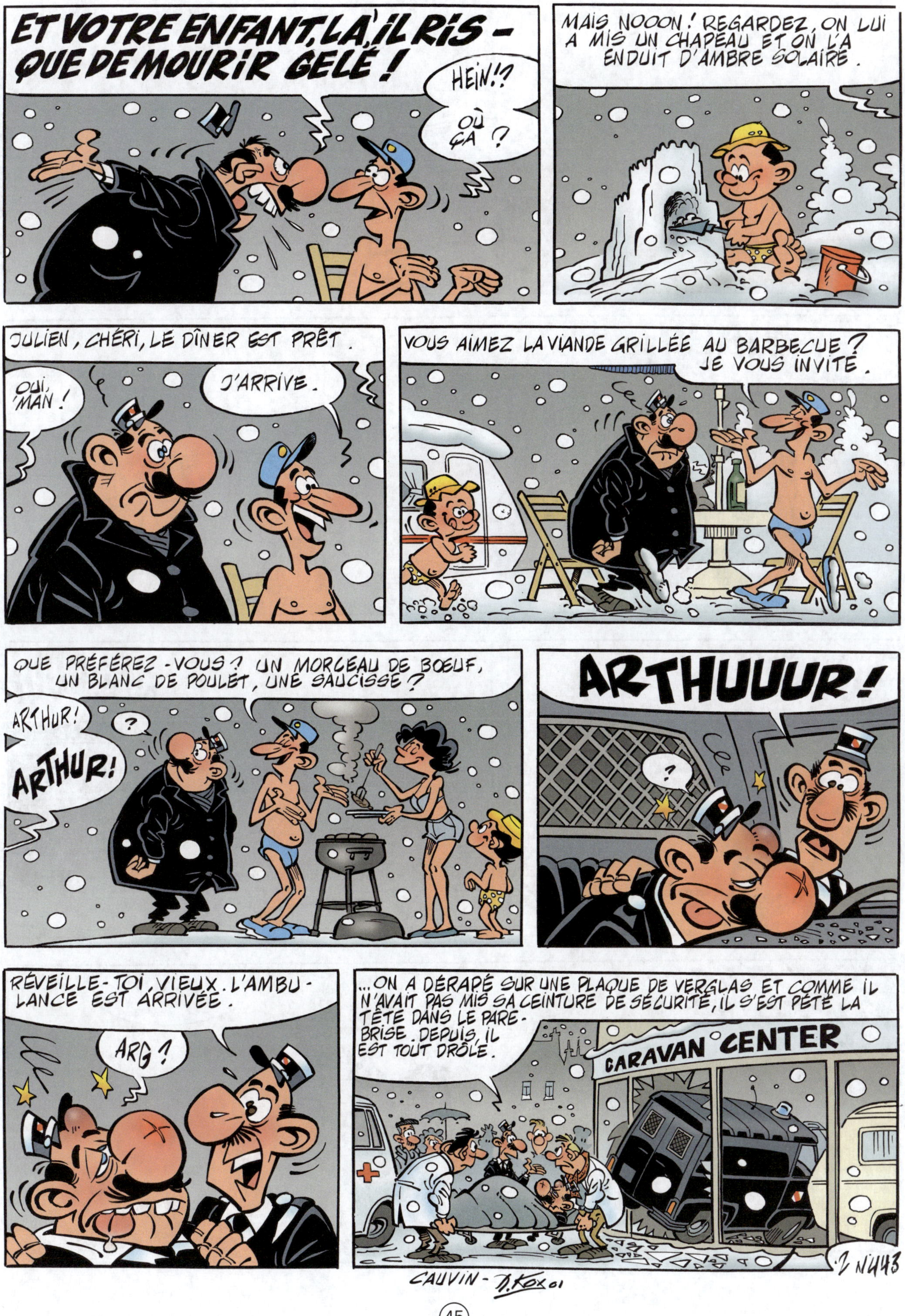
ET VOTRE ENFANT, LÀ, IL RISQUE DE MOURIR GELÉ !
HEIN !?
OÙ ÇA ?
MAIS NOOON ! REGARDEZ, ON LUI A MIS UN CHAPEAU ET ON L'A ENDUIT D'AMBRE SOLAIRE.
JULIEN, CHÉRI, LE DÎNER EST PRÊT.
OUI, 'MAN !
J'ARRIVE.
VOUS AIMEZ LA VIANDE GRILLÉE AU BARBECUE ? JE VOUS INVITE.
QUE PRÉFÉREZ-VOUS ? UN MORCEAU DE BOEUF, UN BLANC DE POULET, UNE SAUCISSE ?
ARTHUR !
?
ARTHUR !
ARTHUUUR !
?
RÉVEILLE-TOI, VIEUX. L'AMBULANCE EST ARRIVÉE.
ARG !
...ON A DÉRAPÉ SUR UNE PLAQUE DE VERGLAS ET COMME IL N'AVAIT PAS MIS SA CEINTURE DE SÉCURITÉ, IL S'EST PÉTÉ LA TÊTE DANS LE PARE-BRISE. DEPUIS, IL EST TOUT DRÔLE.
CARAVAN CENTER
CAUVIN - D. KOX 01

Excès de vitesse